PETER KRAUSZ
LES PAYSAGES

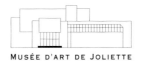

MUSÉE D'ART DE JOLIETTE

PETER KRAUSZ
LES PAYSAGES

Denyse Roy

Ce catalogue accompagne l'exposition *Peter Krausz. Les paysages* produite par le Musée d'art de Joliette et présentée du 31 janvier au 18 avril 1999. Le catalogue et l'exposition ont bénéficié du soutien financier du Conseil des Arts du Canada, de la Galerie de Bellefeuille de Montréal et de la Galerie Mira Godard de Toronto. Une exposition complémentaire, *Un artiste choisit. Fenêtre sur le paysage*, a pu être organisée grâce à l'appui du ministère du Patrimoine canadien.

This catalogue accompanies the exhibition *Peter Krausz. Les paysages* produced by the Musée d'art de Joliette and presented from January 31 to April 18, 1999. The exhibition and the catalogue benefitted from financial support from the Canada Council for the Arts, from the Galerie de Bellefeuille of Montréal and the Mira Godard Gallery of Toronto. A complementary exhibition, *Un artiste choisit. Fenêtre sur le paysage,* has been organized with the support of the Department of Canadian Heritage.

Données de catalogage avant publication (Canada)

Roy, Denyse, 1948 -

    Peter Krausz : les paysages

    Catalogue d'une exposition tenue au Musée d'art de Joliette, du 31 janv. au 18 avril 1999.
    Comprend des réf. bibliogr.
    Texte en français et en anglais.

    ISBN 2-921801-10-8

    1. Krausz, Peter, 1946-   - Expositions. 2. Peinture de paysages canadienne - Expositions. I. Krausz, Peter, 1946- . II Musée d'art de Joliette. III. Titre.

ND249.K685A4 1999   759.11   C99-940065-7F

Canadian Cataloguing in Publication Data

Roy, Denyse, 1948 -

    Peter Krausz : les paysages

    Catalogue of an exhibition held at the Musée d'art de Joliette, Jan. 31 - Apr. 18 1999.
    Includes bibliographical references.
    Text in French and English.

    ISBN 2-921801-10-8

    1. Krausz, Peter, 1946- - Exhibitions. 2. Landscape painting, Canadian - Exhibitions. I. Krausz, Peter, 1946- . II. Musée d'art de Joliette. III. Title.

ND249.K685A4 1999   759.11   C99-940065-7E

ISBN 2-921801-10-8
Dépôt légal / Legal Deposit
Bibliothèque nationale du Québec, 1999
Bibliothèque nationale du Canada / National Library of Canada, 1999

MUSÉE D'ART DE JOLIETTE
145, rue Wilfrid-Corbeil, Joliette (Québec), J6E 4T4
téléphone / phone : (450) 756-0311
télécopieur / fax : (450) 756-6511
courriel / e-mail : joliette@login.net

 Patrimoine Canadian
canadien Heritage

GALERIE DE BELLEFEUILLE

AVANT-PROPOS

Autour du thème du paysage, l'artiste Peter Krausz a développé un ensemble d'œuvres qui combinent une forte charge lyrique et une étonnante capacité à conjuguer les références historiques. L'exposition *Peter Krausz. Les paysages* offre un bilan thématique de cette production, qui s'échelonne de 1992 à 1998. À l'invitation du Musée, l'artiste a également accepté d'explorer nos collections afin d'en tirer un choix d'œuvres qui témoignent de l'évolution du genre depuis le XVe siècle. Cette seconde exposition, *Un artiste choisit. Fenêtre sur le paysage*, constitue une rencontre, aussi lumineuse qu'inattendue, entre le regard de l'artiste et celui de l'Histoire.

C'est donc à un double titre, comme artiste et comme conservateur, que le Musée accueille Peter Krausz. Nous le remercions pour sa grande disponibilité à notre égard ainsi que pour la générosité de son regard. Nous sommes redevables aussi à la conservatrice du Musée, Denyse Roy, qui a travaillé de manière étroite avec l'artiste, de même qu'à Irina Krausz et à Éliane Excoffier qui ont apporté à ce projet une collaboration de tous les instants. Sans le concours des nombreux prêteurs sollicités pour cette exposition, celle-ci n'aurait pu voir le jour : nous leur en sommes très reconnaissants. L'artiste a pu compter sur des bourses de recherche et de production du Conseil des Arts du Canada, du Conseil des Arts et des Lettres du Québec ainsi que de l'Université de Montréal pour réaliser les œuvres exposées ici. La Galerie de Bellefeuille et la Galerie Mira Godard ont

FOREWORD

Focusing on the landscape theme, Peter Krausz has produced a body of work that combines a powerful lyricism with an extraordinary capacity to integrate historical references. The exhibition *Peter Krausz. Les paysages* presents a thematic review of this production, which ranges from 1992 to 1998. At the Museum's invitation, the artist also agreed to explore our collections and to make a selection of works illustrating the development of the landscape form since the 15th century. The result is another exhibition, *Un artiste choisit. Fenêtre sur le paysage*, which consists of an illuminating and unexpected encounter between the artist's perception and that of history.

The Museum thus welcomes Peter Krausz in the dual role of artist and curator. We would like to thank him for the great generosity he has shown in sharing both his time and his vision with us. We are also grateful to the Museum's curator, Denyse Roy, who worked closely with the artist, and to Irina Krausz and Éliane Excoffier, who have collaborated on the project at every stage. The exhibition would not have been possible without the participation of its many lenders, and we offer them our warmest thanks. The artist was awarded research and production grants by the Canada Council for the Arts, the Conseil des Arts et des Lettres du Québec and the Université de Montréal that enabled him to execute the works on view. The Galerie de Bellefeuille and the Mira Godard Gallery have also provided support that has facilitated production of the catalogue and the circulation of the exhibition. We are indebted, too, to the Canada Council for the Arts for its financial assistance, and to the Department of Canadian Heritage, which

apporté au projet un appui qui a facilité la réalisation du catalogue, de même que la présentation de l'exposition ailleurs, après celle de Joliette. Le projet a également bénéficié du soutien financier du Conseil des Arts du Canada, auquel nous exprimons notre gratitude, tout comme au ministère du Patrimoine canadien qui a contribué, à travers son Programme d'appui aux musées, à l'exposition tirée de nos collections. Nous savons gré également à la Ville de Joliette et au ministère de la Culture et des Communications du Québec, dont l'aide au fonctionnement du Musée rend possible l'organisation d'expositions de l'importance de celles que le Musée offre aujourd'hui autour de l'œuvre de Peter Krausz.

France Gascon
Directrice
Musée d'art de Joliette

contributed under its Museum Assistance Program to the exhibition drawn from our own collections. Finally, we would like to express our thanks to the Ville de Joliette and to the Ministère de la Culture et des Communications du Québec, whose ongoing support of the Museum's operations makes possible the organization of such major exhibitions as the ones we are presenting today, arising from the work of Peter Krausz.

France Gascon

Director
Musée d'art de Joliette

PRÉFACE I

Notre collaboration avec Peter Krausz remonte à 1972, deux ans après son arrivée à Montréal de Roumanie. C'est à la Galerie Mira Godard de Montréal qu'il a eu, en 1976, sa première exposition solo importante.

Depuis, les thèmes traités par Peter Krausz ont presque toujours été constitués d'éléments de son quotidien, issus d'une légende strictement personnelle, concrétisés sur papier, toile ou panneaux. Depuis la fin des années 80, il a choisi de recréer des paysages composites issus de ses voyages, en quête des traces de l'histoire.

Il nous fait grandement plaisir d'être associés à cette exposition, survol des œuvres de Peter Krausz, organisée par le Musée d'art de Joliette. Cette exposition se poursuivra au printemps 1999 à la Galerie Mira Godard de Toronto soulignant ainsi notre association et notre amitié de longue date.

Mira Godard
Mira Godard Gallery, Toronto

PREFACE I

We have been collaborating with Peter Krausz since 1972, two years after his arrival in Montréal from Romania. His first major solo exhibition was held at the Mira Godard Gallery in Montréal, in 1976.

Since that time, the themes explored by Peter Krausz have almost always been composed of elements from his daily life, rooted in a strictly personal narrative, made concrete on paper, canvas or panel. Since the late eighties, he has chosen to recreate composite landscapes inspired by his travels in quest of the traces left by history.

It gives us great pleasure to be associated with this exhibition, a survey of Peter Krausz's work of the past seven years organized by the Musée d'art de Joliette. This exhibition will continue in the spring of 1999 at the Mira Godard Gallery in Toronto, thus underscoring our longstanding association and friendship.

Mira Godard
Mira Godard Gallery, Toronto

PRÉFACE II

On a beaucoup écrit, et on écrira sans doute encore beaucoup, sur la personne et l'œuvre de l'artiste qu'est Peter Krausz. C'est pour nous un sujet de fierté que de lui être associés et d'avoir l'occasion de participer à cet événement passionnant au Musée d'art de Joliette.

Notre première réaction devant son œuvre fut une expérience vraiment spirituelle, voire poétique, plutôt que logique ou analytique. Nos yeux percevaient un paysage, un vaste champ ondulant, mais quelque chose de cet espace pictural échappait à l'emprise immédiate de notre conscience, quelque chose d'intangible mais présent. Nous étions sincèrement impressionnés.

Dans l'œuvre de Krausz, le cours du temps est réduit à un point de conscience où le tableau élève notre sensibilité jusqu'à l'expérience fugace et mystérieuse que nous appelons mémoire. Qu'il puisse réaliser cet exploit aujourd'hui, alors que nous approchons d'un nouveau millénaire, est un sujet d'étonnement car, dans un monde où la vitesse est la norme, il nous interpelle et nous invite à nous tenir immobiles, à entrer en nous-mêmes, à réfléchir pour arriver doucement à nous sentir concernés.

Dans ce nouveau groupe d'œuvres, Peter Krausz continue de nous séduire. Sa fascination pour l'espace pictural classique est de nouveau réinterprétée à travers sa vision personnelle. Cela reste mystérieux – les tensions sont subtiles, le jeu des proportions est discret, mais l'ensemble nous rend conscients de notre propre sens, profondément insaisissable, du sublime.

Helen et Jacques Bellefeuille
Galerie de Bellefeuille, Montréal

Much has been written about the work of Peter Krausz and undoubtedly much more will be said concerning this artist. We are proud to have an association with him as well as the opportunity to participate in this exciting event at the Musée d'art de Joliette.

Our initial reaction to his work was a truly spiritual or perhaps poetic experience rather than logical or analytical. What our eyes saw was a landscape, a view of a sweeping, undulating field, but in our consciousness something about this pictorial space escaped our immediate grasp, it was elusive but present; quite frankly, we were in awe.

In Krausz's work the flow of time is reduced to a point of awareness where the picture heightens our sensitivity to the fleeting and mysterious experience we call remembering. How he is able to achieve this feat today as we approach the millennium is staggering, for in a world of speed, the norm of the day, he challenges us to stand still, to dwell within ourselves, to reflect and quietly become involved.

In this newest body of work, Peter Krausz continues to seduce us. His fascination with classic pictorial space is once again reinterpreted by his personal vision. It remains mysterious – the tensions are subtle, the play of proportions is discreet but the sum-total makes us aware of our own profoundly elusive sense of the sublime.

Helen and Jacques Bellefeuille
Galerie de Bellefeuille, Montréal

Peter Krausz
Les paysages

Denyse Roy

De Peter Krausz, on connaît les installations et les séries des vingt premières années de sa production, où se côtoient la gravure, le dessin, la photographie, la sculpture et la peinture. En 1992, il introduit dans sa pratique la fresque et reprend ainsi la peinture murale pour laquelle il avait été formé en Roumanie, mais qu'il avait évitée depuis son arrivée au Canada en 1970. Travaillant toujours par séries, qui deviennent autant d'étapes, il développe depuis sept ans les jalons intermédiaires d'un grand cycle de paysages allant de ses installations mixtes jusqu'à l'ensemble des trente et un panneaux du *Bréviaire méditerranéen No 2* de 1998, une des œuvres les plus ambitieuses qu'il ait entreprises, et un point d'orgue dans sa production récente. Plusieurs de ces peintures murales ont été exposées, en particulier les formats verticaux de *De Natura (Humana)* à la Galerie d'art du Centre Saidye Bronfman en 1992, la *Suite roumaine* à la Galerie Dresdnere de Toronto en 1995, et la série *Landscape and Memory* sous les titres de *La Montagne rouge* chez Mira Godard à Toronto et de *Entre chien et loup* à la Galerie de Bellefeuille en 1997. Cependant, l'ensemble des vingt-quatre tableaux réunis ici, incluant l'importante production de la dernière année, qui a vu naître la suite des *Bréviaires méditerranéens*, offre pour la première fois la chance de voir s'étaler les phases de transformation du paysage chez cet artiste.

Peter Krausz
The Landscapes

Denyse Roy

The installations and series produced by Peter Krausz during the first twenty years of his career – which combine printmaking, drawing, photography, sculpture and painting – are well known. In 1992, the artist introduced the medium of fresco into his practice and began re-exploring mural painting, in which he had been trained in Romania but which he had left aside since his arrival in Canada in 1970. Invariably structuring his work into series, which take on the status of developmental stages, he has for the past seven years been elaborating the parameters of a major cycle of landscapes that ranges from his mixed media installations to the thirty-one panels of *Bréviaire méditerranéen No 2*, executed in 1998 – one of the most ambitious projects he has undertaken and a sustained climax of his recent production. A number of the murals have been exhibited, notably the vertical formats of *De Natura (Humana)* at the Art Gallery of the Saidye Bronfman Centre in 1992, the *Suite roumaine* at the Dresdnere Gallery in Toronto in 1995, and the *Landscape and Memory* series at the Mira Godard Gallery in Toronto (under the title *La montagne rouge*) and at the Galerie de Bellefeuille in Montréal (under the title *Entre chien et loup*), both in 1997. However, the group of twenty-four paintings on view here, which includes the substantial production of the past year that culminated in the *Bréviaires méditerranéens* suite, offers for the first time an opportunity to appreciate the various transformational phases in the artist's approach to the landscape genre.

17

Landscape and Memory No 17, 1997

PARLER DE PAYSAGE

Confirmant que le genre connu en peinture sous le nom de « paysage » n'existe pas avant le XVII⁰ siècle, *Le Petit Robert* de 1990 indique que ce mot, en 1549, signifiait « étendue de pays », et il enchaîne sur cette définition : « Partie d'un pays que la nature présente à un observateur. » Cette distinction émerge en effet au siècle suivant puisque le dictionnaire nous informe qu'en 1680 « un paysage est un tableau représentant la nature et où les figures (d'hommes ou d'animaux) et les constructions (« fabriques ») ne sont que des accessoires ». Ces définitions, qui semblent claires sur la question de l'historique du concept en art, amènent aussi directement au cœur de la dialectique entre les traces humaines et la force de transformation de la nature dans les tableaux de Peter Krausz, qui se rallierait plutôt à une définition large selon laquelle « le paysage est un organisme complet incluant l'homme, ses travaux et ses rêves, au sein des éléments, non des individus passagers mais l'espèce entière et la trace persistante des générations »[1]. Elles soulignent, avec à propos, que le paysage n'existe qu'à travers l'œil de celui qui le choisit, l'observe, l'encadre, donc élimine, et lui donne une signification poétique : « ... ce qu'on appelle "idée" de nature appartient non au domaine des idées, mais au domaine du désir. »[2] On remarque d'ailleurs que dans d'autres domaines ce terme de paysage se transmue en échantillon-relevé-planche technique pour les scientifiques qui analysent les phénomènes en recueillant aussi leur information dans la nature; cette nature « pure » autonome n'étant intéressante que pour la science, alors que le paysage est créé par le regard humain et tourné vers lui-même.

Pour situer le travail de Peter Krausz, on peut essayer d'inventorier quelques catégories de paysages et tenter de classer

1   Leymarie, Jean, *Balthus*, p. 75.

2   Clément Rosset, cité dans Colette Garraud, *L'idée de nature dans l'art contemporain*, p. 73.

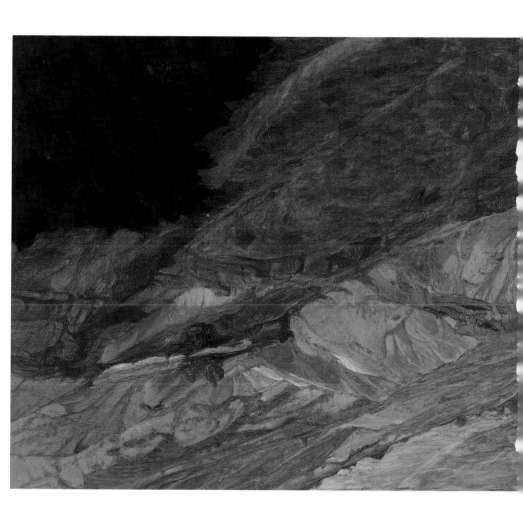

SPEAKING OF LANDSCAPE

The art form known as landscape painting did not exist in the West prior to the 17th century. The 1990 edition of *Le Petit Robert* tells us that in 1549 the word paysage (landscape) meant "expanse of country", and proceeds to offer the following definition: "section of rural scenery that can be seen by an observer". By the following century, however, a new meaning had emerged, for we learn that in 1680 a landscape could be "a painting representing natural scenery in which figures (of men or animals) and constructions are merely secondary". These definitions, which throw light on the history of the concept in relation to art, also lead us directly to the heart of the dialectic between human traces and the transforming power of nature captured in the paintings of Peter Krausz. The artist himself would opt for a broad definition that sees landscape as "a complete organism including man, his accomplishments and his dreams, within the elements, not transient individuals but the entire species and the enduring trace of previous generations.[1]" The dictionary definitions are an effective reminder that a landscape can only come to us through the eye of the individual by whom it is selected, observed, framed (an eliminatory process) and given poetic meaning: "What is termed an 'idea' of nature belongs not to the realm of ideas, but to the realm of desire."[2] It is notable, moreover, that scientific researchers who analyze phenomena by gathering natural data replace the term landscape with such expressions as technical sheet, sample, or survey. "Pure" autonomous nature is of interest only to science, while the landscape is created by and centered on the human gaze.

In order to situate the work of Peter Krausz, it is useful to identify the various categories of landscape and to classify our images of the physical world by postulating a continuum ranging from the unadulterated natural order to an order that is almost purely artificial

1   Leymarie, Jean, *Balthus*, p. 75.

2   Clément Rosset, quoted in Colette Garraud, *L'Idée de nature dans l'art contemporain*, p. 73.

nos images du monde physique en imaginant un continuum qui va de l'ordre naturel intact à un ordre artificiel et technologique presque pur. À l'instar du scientifique, mais dans un objectif différent, l'artiste peut sélectionner ses images, donc ses paysages, à partir de régions inviolées comme les forêts vierges, les déserts, les calottes glaciaires ou certaines réserves « naturelles ». L'ordre biologique s'altère d'un cran dans les images de forêts qui ont repoussé (contrairement à la croyance générale, il existe encore très peu de forêts vierges ou originales en Amérique du Nord) ou qui ont été replantées, ou dans les paysages des grands parcs. Les représentations de sites de pépinières, de pâturages, de jardins à l'anglaise et de jardins botaniques ne laissent plus de doutes sur l'intervention de l'homme, au moins comme paysagiste. Les barrages, les signes d'irrigation, l'habitat rural et les réseaux routiers, signalés dans des paysages, mettent en scène l'implantation humaine d'une façon évidente. Enfin, l'habitat urbain, les appareils technologiques, comme les pylônes ou bâtiments industriels, font autant partie de paysages possibles mais plus rapprochés de l'artifice. Dans cette gamme d'environnements s'inscrit aussi une suite d'écosystèmes, tels le jardin forcé de la culture en serres ou le jardin à environnement reconstitué et contrôlé du genre biodôme, ou, enfin, l'environnement techno-naturel autonome de la biosphère expérimentale en Arizona.

Charles **Gagnon**,
Désert/chiffres (détail)
1993, photographie.

L'art contemporain relié à la représentation de l'environnement confirme l'immense pouvoir de sélection et de charge significative donnée par l'artiste à toutes ces catégories d'environnements, mais il infirme la partie de la définition (romantique ?) qui laisse comme accessoires les signes de la présence humaine dans le paysage. Actuellement, même la culture scientifique et le langage des mesures sont intégrés dans l'expression paysagère comme dans la photographie de Charles Gagnon *Désert/chiffres*, de 1993. En fait, depuis une centaine d'années, la modernité européenne a utilisé la ville et l'environnement technologique – les *Gare de*

and technological. Like the scientist, but with a different goal, the artist can choose his images – his landscapes – from remote regions like virgin forests, deserts, icecaps or selected "natural" reserves. The biological order alters slightly in images of forests that have regrown (contrary to popular belief, there remains very little virgin or original forest in North America) or been replanted, and of large parks. In representations of tree plantations, pastureland, English-style gardens and botanical gardens, man's intervention, at least in the role of landscape architect, is no longer in doubt. Signs within the landscape of dams, irrigation systems, rural settlements and road networks offer further unequivocal evidence of human activity. Finally, urban concentrations and technological structures, such as pylons and industrial buildings, bring any potential landscape even deeper into the realm of the artificial. In this range of environments are also included various ecosystems, like greenhouses, the highly controlled reconstituted environments of biodomes, and independent techno-natural environments, such as the experimental biosphere in Arizona.

Contemporary art concerned with representation of the environment confirms the enormous power of the artist to select among and give meaning to these various environmental categories, but at the same time contradicts that (romantic?) part of the definition that assigns the marks of human presence in a landscape a purely secondary role. Today, scientific culture and the language of measurement can even become part of the landscape form – in Charles Gagnon's 1993 photograph entitled *Désert/chiffres*, for example. In fact, for the past century European modernism has exploited the city and the technological environment (Monet's *Gare de Saint-Lazare* paintings are early instances) as elements of representation, and Peter Krausz continued this tradition in the 1988 work *13 août 1961* and, with greater irony, in *Paysage idyllique*. His current decision to restrict the number of technological features in his landscapes therefore represents a deliberate return to a portrayal of places where nature has been allowed – for an extended period – to blossom in harmony with human intervention. He seems to choose the moment immediately before

23

Peter **Krausz**,
13 août 1961,
1988, huile, pigment,
goudron sur bois.

Saint-Lazare de Monet – comme éléments de représentation, et Peter Krausz en a fait de même en 1988 dans *13 août 1961* et, plus ironiquement, dans *Paysage idyllique*. Son choix actuel de limiter les motifs technologiques dans ses paysages est donc un retour volontaire sur des représentations de lieux où les poussées de la nature sont en équilibre avec l'intervention humaine, et ce, depuis de longues périodes. On peut penser qu'il choisit le moment exact, juste avant la transformation du paysage moderne, comme si l'inclusion de pylônes électriques dans une image avait le pouvoir de faire oublier les siècles antérieurs. Peter Krausz fait écho à l'Orient, puisque la pratique du paysage, beaucoup plus ancienne, y permet justement de « pénétrer de l'intérieur les rythmes agraires de l'immémoriale civilisation chinoise où la culture est vraiment la culture, c'est-à-dire l'art de la terre et des jardins, où le caractère signifiant "peindre" est celui de la main qui trace les contours d'un champ »[3]. Par rapport à d'autres artistes qui interviennent dans la nature, Peter Krausz choisit comme vocabulaire de l'artifice les traces laissées par les civilisations précédentes, qu'il recompose en un paysage fictif, alors qu'un Goldsworthy ou un Christo amènent comme intervention un geste, souvent recombinatoire d'éléments naturels, sur le canevas de base qu'est la nature intouchée. On peut voir ici une inversion des procédés, caractéristique du travail de Peter Krausz.

3   Leymarie, Jean, *Balthus*, p. 62.

transformation into a modern landscape takes place, as if the inclusion of electric pylons in an image had the power to obliterate the centuries that preceded them. Peter Krausz's approach evokes the Orient – China, for example, where the art of the landscape, considerably more ancient, represents an opportunity to "penetrate from the inside the agrarian rhythms of the age-old Chinese civilization, in which culture is really cultivation, the art of land and gardens, and in which the ideogram meaning 'to paint' shows a hand tracing the outlines of a field."[3] In contrast to other artists whose work deals with nature, Peter Krausz chooses as his vocabulary of artifice the vestiges left by earlier civilizations, which he reconstructs into a fictional landscape. The practices of artists like Goldsworthy and Christo, on the other hand, centre on the commission of an act – often involving the reintegration of natural elements – on the basic support of untouched nature. This reversal of process is characteristic of Peter Krausz's work.

3   Leymarie, Jean, *Balthus,* p. 62.

DES LIEUX QUI PARLENT

À part quelques œuvres antérieures, choisies pour illustrer la transition chez Krausz du paysage comme biais privilégié d'expression, l'exposition se concentre sur quatre grandes séries : *De Natura (Humana)* 1992-1994, *Suite roumaine* de 1995, *Landscape and Memory* produite entre 1996 et 1998, et les *Bréviaires méditerranéens* 1998-1999. L'utilisation du paysage apparaît progressivement et évolue d'un rôle de référence à l'expressivité totale – il le remarque lui-même –, un peu comme le paysage a émergé dans les arts visuels en Occident.

Peter **Krausz**,
Chemin de la mine d'or,
1989, pastel, huile, goudron
sur toile.

Anselm **Kiefer**,
Wölundlied (mit Zangen),
1982, techniques mixtes sur
toile.

En début d'exposition, *L'Île devant Chinon* de 1986 fait le lien avec la production antérieure par sa composition bipartite, dont les deux tiers inférieurs – l'île au premier plan – proposent une masse abstraite qui rappelle l'étagement brutal des mondes dans *Fields* de 1986, *13 août 1961* de 1988 et *Chemin de la mine d'or* de 1989. La référence historique précise est la mise au bûcher des Juifs, au Moyen-Âge, sur cette parcelle de terre maintenant convertie en jardins; subtile ironie ou cruauté du temps à laquelle l'artiste est sensible. Si la thématique est directement alignée avec d'autres séries d'œuvres de Krausz, le dessin vigoureux de cette île fait formellement écho au travail d'Anselm Kiefer, par exemple dans *Wölundlied (mit Zangen)* de 1982, que Peter Krausz retient comme pratique nouvelle du paysage. Déjà, en 1985, dans *Paysage barbare*, conservé au Musée du Québec, une ligne d'horizon sous un ciel lourd, qui se confond avec la masse du tableau, est superposée à cette tête qu'on suppose enfouie ou dans un ailleurs, comme suggestion d'une inscription dans le monde physique servant à énoncer une réalité métaphysique. L'utilisation des lieux dans ces œuvres fait penser aux paysages contextualisant l'action dans les tableaux de Giotto ou d'autres maîtres italiens du XIIIe au XVe siècle. De fait, les lieux chez Krausz sont très souvent nommés : noms de villes dans *Traces-Mémoire* de 1992 ou dans les *Six vues de Tolède* de 1990-1991,

26

SITES THAT SPEAK

With the exception of a few earlier works, selected to illustrate the transition in Krausz's oeuvre towards landscape as the central means of expression, the exhibition is devoted to four major series: *De Natura (Humana)* (1992-1994), *Suite roumaine* (1995), *Landscape and Memory* (1996-1998) *and Bréviaires méditerranéens* (1998-1999). The use of landscape emerged gradually, evolving from a referential role into an integral form of expression – mirroring, as the artist himself remarks, the development of landscape in the history of Western art.

At the start of the exhibition, *L'Île devant Chinon*, executed in 1986, serves as a link to earlier works. In this bipartite composition, the two lower thirds – the island in the foreground – form an abstract mass that recalls the powerful tiering of registers in *Fields* (1986), *13 août 1961* (1988) and *Chemin de la mine d'or* (1989). The specific historical event referred to is the burning during the Middle Ages of Chinon's Jews; the fact that the massacre took place on a piece of land that has now been converted into gardens is a subtle historical irony – or cruelty – the artist sees as significant. While the subject matter of the painting relates it directly to the others in the series, the forceful stroke used to depict the island is reminiscent of the work of Anselm Kiefer (*Wölundlied [mit Zangen]* of 1982, for example), whom Peter Krausz considers one of the most interesting landscape artists working today. In the 1985 piece *Paysage barbare*, owned by the Musée du Québec, a horizon beneath a heavy sky that merges into the body of the painting hangs above a head we sense is buried in some distant realm, the suggestion of rootedness in the physical world serving to convey a metaphysical reality. The use of site in these works recalls the landscapes that contextualize the action in paintings by Giotto and other Italian masters

Peter **Krausz**,
Paysage barbare,
1985, fusain, pastel, goudron
sur toile, bois et cire.

of the 13th to 15th centuries. In fact, the places in Krausz's paintings are often named – city names, as in *Traces-Mémoire* (1992) and *Six vues de Tolède* (1990-1991) and Russia's Kolyma mountains in the installation *Archipelago* (1987) – or are easily identifiable, as in *Paysage idyllique* and *13 août 1961* (the date on which construction of the

montagnes de Kolyma du nord de la Russie dans l'installation *Archipelago* de 1987; ou alors leurs noms sont faciles à déduire comme dans *Champs (Paysage paisible)* de 1986. On suppose toujours des villes de pays communistes dans *Paysage idyllique* et dans *13 août 1961* – date de la construction du Mur – tirés de la série *Berlin* de 1988. Cette pratique n'empêche pas Krausz, par ailleurs, de garder anonymes et plus génériques des lieux suggérés, par exemple dans *Fields* et dans « *Même bateau, même ouragan et même abîme* », tous deux de 1986.

Peter **Krausz**,
Champs (Paysage paisible),
1986, fusain, pastel, huile,
goudron sur toile et bois.

À la manière des *vedute* qui animent la tradition du portrait dans la peinture flamande, Peter Krausz inscrit dans *Champs (Paysage paisible)*, qui montre l'intérieur d'un camp de concentration (inspiré d'une photo de Birkenau), une suggestion de paysage agraire à la hollandaise dont la facture douce contraste avec le traitement des symboles de rails et de mort rattachés au lieu. Plus près des symbolistes, et peut-être d'Odilon Redon, les éléments naturels à forte consonance, comme l'arbre et l'eau, servent aussi de contexte, donc de forme de paysage dans *Tibor's Tree* et « *Même vaisseau, même ouragan, même abîme* » produits en 1986 ou peu de temps avant.

Peter **Krausz**,
Kolyma II,
1987, pigment, huile sur
toile.

C'est dans l'installation *Archipelago*, montrée à Montréal, à l'exposition *Stations* du Centre international d'Art contemporain en 1987, que le paysage devient pour la première fois le seul locuteur dans un tableau. Ainsi, dans *Kolyma II*, le tracé expressionniste de la géologie, allié à des couleurs violentes, suffit à lui seul à exprimer le danger et l'inhumanité de ce lieu, consacré à l'exploitation de mines d'or et reconnu comme étape finale avant la disparition. D'une manière complètement différente, dans *Le Canal II* et dans *Paysage idyllique* de la série *Berlin* de 1988, la grisaille des lieux urbano-industriels évoque la torpeur et le silence. Les quatorze huiles sur cuivre de *Night Train* de 1990 annoncent la lignée des paysages purs, sauf que leur expressivité se répartit ici entre la beauté fugace de paysages vus

Berlin Wall began), which are part of the 1988 *Berlin* series. Some of Krausz's sites, however, remain more anonymous and generic, such as those suggested in *Fields* and *"Même bateau, même ouragan et même abîme"*, both executed in 1986.

Recalling the role played by *vedute* in the Flemish portrait painting tradition, Krausz's work *Champs (Paysage paisible)* – an interior view of a concentration camp based on a photo of Birkenau – includes the image of a Dutch-looking agricultural landscape whose delicate rendering contrasts with the train rails and other symbols of death associated with the site. Bringing the approach closer to the Symbolists, and more specifically to Odilon Redon, *Tibor's Tree* and *"Même bateau, même ouragan et même abîme"*, works executed in 1986 or shortly before, use powerfully emblematic natural elements like trees and water to create a context and thus a form of landscape.

Peter **Krausz**,
Night Train,
1990, huile sur cuivre.

In the installation *Archipelago*, included in the exhibition *Stations* shown at Montréal's Centre international d'Art contemporain, landscape becomes for the first time the painting's only voice. This is most notable in *Kolyma II*, where the combination of an expressionist portrayal of geological features and chromatic violence is sufficient to convey the danger and inhumanity of a place dedicated to the exploitation of gold mines and notorious as the final stage before death. In a quite different vein, the greyness of the urban industrial sites portrayed in *Le Canal II* and *Paysage idyllique*, from the *Berlin* series of 1988, evokes apathy and silence. The fourteen oils on copper that constitute *Night Train* (1990) herald the shift towards pure landscape, although their expressiveness is rooted in the fleeting beauty of scenes glimpsed briefly by a traveller whom we know to be a prisoner, en route towards the uncertain future of the camps. While retaining its window-like character, the landscape becomes once again a positive reference in the series *Six vues de Tolède*, executed in 1990-1991. On only one occasion has Peter Krausz abandoned representation: in *Traces-Mémoire* he focuses his message on dates of dreadful significance and mentions the sites of

Peter **Krausz**,
Six vues de Tolède
(détail),
1991, techniques mixtes.

rapidement par un voyageur qu'on suppose dans un contexte carcéral, en route vers le futur incertain des camps. Tout en conservant une allure de fenêtre, le paysage redevient un élément de référence heureux dans la série *Six vues de Tolède* produite en 1990-1991. Dans un cas précis, Peter Krausz omet complètement la représentation, il focalise son message sur des dates odieuses et fait référence aux lieux de pogroms ou autres persécutions en inscrivant leurs noms sur deux cent cinquante plaques de plomb dans *Traces-Mémoire*, œuvre installée en 1992 par l'artiste dans les entrepôts du Moyen-Âge abritant le Centre d'art contemporain à Montpellier. Enfin, avec la transformation de cette dernière série en *Ciel de plomb*, entre 1994 et 1996, l'artiste reprend la thématique du ciel mais celle-ci est cette fois détachée des juxtapositions symboliques caractéristiques des séries politiques antérieures.

Peter **Krausz**,
Traces-Mémoire,
installé à Montpellier,
1992, plomb.

pogroms and other persecutions by their names, inscribed on the two hundred and fifty lead plates that were installed in 1992 in the medieval warehouses that house the Centre d'art contemporain in Montpellier. Finally, with the transmutation of this last series into *Ciel de plomb* (1994-1996), the artist began re-exploring the theme of the sky, although eschewing the symbolic juxtapositions that marked his earlier political series.

Peter **Krausz**,
Ciel de plomb (détail),
1994-96, huile sur plomb.

Quand on lui demande si ses paysages récents sont inspirés d'endroits spécifiques, il n'est pas étonnant que Peter Krausz réponde qu'il y en a beaucoup. De fait, il a monté et renouvelle continuellement une banque d'images de lieux dessinés et photographiés au cours de voyages exploratoires dans les pays du pourtour de la Méditerranée. Ces esquisses, pastels à l'huile ou épreuves photographiques sont rassemblés en une mosaïque, paysage composite de lieux réarrangés, dont le réalisme devient une réalité personnelle. Certaines de ces particules de lieux sont identifiables d'un tableau à un autre comme des leitmotive récurrents : rocher affleurant, chemin inscrit dans un sillon vertical, vallée, arbre isolé et son ombre. Subséquemment, le dessin de cet assemblage de lieux se raffine, se détaille et se remplit de couleurs à la détrempe, appliquées sur un support mural fait, parmi d'autres matériaux, de poudre de marbre et de médium acrylique. Associant des matériaux actuels aux techniques anciennes, entre autres celles des fresques de Pompéi et des icônes russes, les pigments en poudre sont liés à l'émulsion à l'œuf. Ils proviennent de France, d'Italie, d'Allemagne, des États-Unis et du Canada, et les plus populaires font déjà voyager par leur nomenclature dans ces paysages exotiques : *Jaune de Naples, Terra d'Italia, Indian yellow, Terre de Sienne brûlée, Rouge de mars, Satinober deutsch, Rouge Tuscan, Hansa yellow, Indigo, Viridian, Schevenings orange, Blanc de Meudon, Vert Véronèse...* Cependant, peu intéressé à la représentation réelle de sa première version, Peter Krausz se permet, à un certain moment, de masquer et d'oblitérer le tableau par un balayage plus ou moins translucide et il rebâtit ensuite la composition en renforçant les points les plus intéressants : car il dit lui-même que le paysage n'est pas une imitation de la nature mais sa reconstitution. Combien de paysages superpose-t-il ? Autant que peut le suggérer le temps nécessaire à la construction des traces humaines. C'est pourquoi les détails de ces traces sont à la fois

TIME STRATIFIED

According to Peter Krausz – and it is no surprise – his recent landscapes are inspired by a wide range of real sites. In fact, he has built up and is continually adding to a bank of images of sites sketched and photographed during exploratory trips to the countries around the Mediterranean. Selecting from these drawings, oil pastels and photographic prints, he assembles a mosaic, a composite landscape of rearranged places whose realism is transformed into a more personal reality. Some of the site fragments recur like leitmotifs from one painting to the next: a rocky outcrop, a track running up a vertical furrow, a valley, an isolated tree and its shadow. Then, the composition of this assemblage of sites is refined, made more detailed and filled with tempera colours that are applied to a wall support composed of various ingredients, including marble dust and acrylic medium. Blending modern materials with age-old techniques (like those used for the frescoes of Pompeii and early Russian icons), the artist mixes powdered pigments with an egg emulsion. The pigments themselves come from France, Italy, Germany, the United States and Canada, and the very names of the most frequently used inspire our voyage into these landscapes: *Jaune de Naples, Terra d'Italia, Indian yellow, Terre de Sienne brûlée, Rouge de mars, Satinober deutsch, Rouge Tuscan, Hansa yellow, Indigo, Viridian, Schevenings orange, Blanc de Meudon, Vert Véronèse*. Not much interested in the realistic representation of this initial version, however, Peter Krausz deliberately masks and obliterates the image he has created with a semi-opaque wash and then sets about reconstructing the composition by reinforcing its most interesting elements, thus affirming his view that landscape is not an imitation of nature, but its reconstitution. How many landscapes does he superimpose, one upon the other? As many as are needed to build up human traces. Which is why the details of these traces appear simultaneously revealed and veiled, like the shadowy forms of an x-ray. What they explicitly record is not important, the architecture is unreadable, the crops non-identifiable – although we do divine wheat fields, orchards, vineyards, olive groves. The picture that emerges is

33

révélés et voilés comme sur un film radiographique. Leur documentation est sans importance, l'architecture est illisible, les cultures non identifiables, hormis celle du blé, des vergers, des vignes ou des oliveraies. L'image qui émerge est plutôt caractérisée par des plages chromatiques, qui, chacune, frisent l'abstraction, et elle propose une « certaine atmosphère » dans laquelle il faut savoir plonger et nager un moment pour en sentir les couches. La matière des paysages de Peter Krausz est toujours très stratifiée, elle-même à l'image des couches du temps qu'elle mimétise, sans jamais s'imposer cependant comme matérialité.

Si on reconnaît rapidement les paysages de Peter Krausz, on ne peut pas, par contre, affirmer qu'ils se ressemblent forcément tous. Rien n'est plus loin des premiers *De Natura (Humana)* de 1992 que les derniers *Bréviaires méditerranéens* de 1998. C'est le propre même de cette exposition, une rétrospective portant sur le travail des sept dernières années, que de laisser voir la mutation des formats, des couleurs, des traitements, de l'iconographie, etc.

Dès ses premiers « vrais » paysages de 1992, il commence à exploiter le format vertical dans *De Natura (Humana)*, peut-être encore intéressé par la possibilité de continuer de juxtaposer des motifs, comme il l'a fait dans sa première fresque, *DNH No 1*, où il incruste deux micro-scènes dans une masse de forêt sombre, quasi abstraite, comme s'il tentait de mieux intégrer aux espaces psychiques les espaces physiques. Ce format, un peu en trou de serrure, contredit l'étalement horizontal habituel et confère au regard une qualité d'espionnage ou d'inclusion en un lieu bâti, massif, peut-être militaire comme si on voyait à travers une meurtrière. Ce format reviendra sporadiquement jusqu'en 1997, dans la série des *Landscape and Memory Nos 2, 23 et 32*, se caractérisant souvent par des compositions dramatiques soulignées par un ou plusieurs champs massifs en avant-plans. Les premières grandes compositions horizontales semblent dater

characterized rather by expanses of colour, each virtually abstract, creating a "certain atmosphere" into which one must plunge and float for a while to grasp its multiple layers. The *matière* of Krausz's landscapes, always highly stratified, reflects the layers of time it mimics but never allows its materiality to dominate.

While the landscapes of Peter Krausz are instantly recognizable as such, they do not invariably resemble one another. There are vast differences between the first works of *De Natura (Humana)*, executed in 1992, and the last elements of *Bréviaires méditerranéens*, begun in 1998. One of the goals, moreover, of this retrospective of works from the past seven years is to explore the changes that have occurred in format, colour, handling and iconography.

In the first "real" landscapes, from 1992, the artist, apparently still absorbed by the possibility of juxtaposing elements, began to employ the vertical format of *De Natura (Humana)*. This juxtaposition was a preoccupation in the first fresco of the series, *No 1*, where he embedded two tiny scenes in the dark, almost abstract expanse of a forest, as if in an attempt to integrate psychic and physical space more completely. The perpendicular format eliminates the habitual horizontal spread and narrows the gaze, conjuring the spy-like view offered by the loophole of a large and possibly military construction. The format, which recurred sporadically until 1997, when it was employed for *Nos 2, 23* and *32* of the *Landscape and Memory* series, is often the vehicle for dramatic compositions featuring one or several powerful areas of colour in the foreground. The first large-scale horizontal compositions date from 1994-1995, with *De Natura (Humana) No 12* and *Suite roumaine No 8*. The lower half of the latter work is composed of an abstract sedimentation of planes in which orange appears for the first time, offering a foretaste of the red mountains to come. In subsequent horizontal paintings, Krausz strove to alter the composition by exploring various possibilities of inversion and transposition. In the *Landscape and Memory* series, for example, the classical vista of *No 34* reappears in *No 47*, but is made dramatically

de 1994 -1995 avec *De Natura (Humana) No 12* et *Suite roumaine No 8*. La moitié inférieure du tableau reste encore abstraite dans cette sédimentation de plans où l'orangé apparaît cependant pour la première fois et annonce les montagnes rouges. Krausz s'ingénie alors à renouveler la composition des tableaux horizontaux ultérieurs par l'exploration d'agencements permutés. Qu'on voie comment, dans les *Landscape and Memory*, la *vista* classique du *No 34* est reprise mais s'accidente dramatiquement, dans l'extrême droite du *No 47*, par un chemin bocager, motif repris d'un format vertical antérieur, le *No 23*, et qui apparaît aussi dans la partie gauche du *No 41*. Cette récurrence des motifs, qui intrigue et enchante, puisqu'ils nous offrent enfin la possibilité de vraiment reconnaître un lieu, prend aussi la forme d'un rocher isolé et hiératique, souvent en position centrale, qu'on voit par exemple dans le *LM-No 38* et, plus souvent, dans les *Bréviaires méditerranéens*. Dans ces compositions, transparaît aussi une balance particulière entre les éléments de la dichotomie nature/artefacts qui sont étonnamment peu nombreux quand on les énumère : ruisseaux et rivières, forêts et arbres, vallées, collines, ravins, rochers et signes d'érosion occupent une grande partie de la surface picturale et font face aux suggestions de routes et chemins, clairières, champs, prairies, vergers et plantations. Parmi les « écofacts », le motif de la montagne, motif sublime par excellence et symbole de la sauvagerie, de l'inaccessibilité et de l'ermitage, est omniprésent au fond des paysages de Krausz mais devient de plus en plus important, comme motif premier, au centre des compositions de la dernière série. De plus, le point de vue aérien qui nous est suggéré implique cette élévation nécessaire à la reconnaissance, à l'orientation géographique ou à l'appropriation qui rappelle une tradition orientale : « Dans le Japon ancien [...] existait une cérémonie appelée *kunimi* (mot à mot : 'regarder le pays'), dans laquelle l'empereur faisait l'ascension d'une montagne et de là portait son regard vers les lointains. Il signifiait ainsi sa

more irregular by the introduction of a hedge-lined track – a motif borrowed from the earlier (vertical format) *No 23* and employed again in the left-hand section of *No 41*. This reiteration of elements – which both intrigues and delights, for it allows us to become familiar with a particular site – also finds form in the rocky outcrop, isolated, hieratic and often centrally positioned, that can be seen in *Landscape and Memory* (*No 38*, for example) and that reappears with greater frequency in *Bréviaires méditerranéens*. These compositions display a fine balance between the components of the nature/artefact dichotomy, which, if we actually count them, are astonishingly few: the streams and rivers, forests and trees, valleys, hills, ravines, rocks and signs of erosion that occupy a large part of the pictorial surface contrast with hints of roads and tracks, clearings, fields, meadows, orchards and plantations. Among the "ecofacts", the motif of the mountain – ideal image of the sublime and symbol of wilderness, inaccessibility, retreat – appears constantly, initially in the background but moving steadily towards the centre and finally serving, in the last series, as the main element. The almost aerial view we are offered seems to imply the elevation necessary to reconnaissance, geographical orientation and appropriation, recalling an oriental tradition: "In ancient Japan [...] there existed a ceremony called *kunimi* (literally 'to look at the country'), in which the emperor ascended a mountain and from the summit gazed into the far distance. Thus did he signal his sovereignty over the land."[4] Owing to the systematic verticality of the backgrounds, which reinforces the impression of circumscribed terrain, the missing ecofact is the sky, for it lies behind the mountains, hidden in a subtle sfumato as if its presence could add nothing relevant to the situation of equilibrium between the power of Gaia and the transformations of human occupation. On the other hand, the missing artefact is the presence of humanity itself, which is merely suggested by the traces it leaves behind. It is this absence that imbues the landscape, otherwise

4   Berque, Augustin, *Les Raisons du paysage de la Chine antique aux environnements de synthèse*, p. 42.

Landscape and Memory No 43, 1998

souveraineté sur le territoire.[4] » À cause d'un redressement systématique des arrière-plans, qui renforce aussi ce sens du pays circonscrit, le grand absent des écofacts devient le ciel, derrière les montagnes cachées dans un sfumato graduel, comme si sa présence n'apportait aucune information pertinente dans le contexte d'équilibre entre la force de Gaïa et les transformations de l'occupation humaine. D'autre part, la grande absente des artefacts est la présence humaine elle-même, uniquement suggérée par ses traces. C'est cette absence qui confère au paysage, par ailleurs très plausible, une irréalité qui dérange et amène à une désorientation dans le temps : si le lieu est réel, de quel moment s'agit-il ? Qu'il soit tôt le matin ou tard le soir, on ne comprend pas qu'un site rural soit déserté. Ce lieu ne peut parler que s'il est hors du temps, tel un échantillon isolé, débarrassé de l'anecdotique, coagulé pour observation poétique.

---

4   Berque, Augustin, *Les Raisons du paysage de la Chine antique aux environnements de synthèse,* p. 42.

extremely credible, with a disturbing and temporally disorienting unreality: if the place is real, what time of day is it? Whether early or late, it is hard to conceive of such a deserted rural scene. This place can only speak if it is outside time, an isolated, non-anecdotal specimen, crystallized for poetic observation.

LES BRÉVIAIRES MÉDITERRANÉENS

Les six *Bréviaires méditerranéens*, dernière série produite et exposée, brisent l'ordonnance des travaux antérieurs par les formats, l'envergure et le développement des images. Dans la première œuvre de cette série, Krausz nous rappelle qu'il est aussi sculpteur, en répertoriant des extraits de ses paysages sur des tessons rangés comme une collection ethnographique dans une colonne-bibliothèque vitrée. La lecture furtive de ces citations visuelles – plusieurs sont cachées – nous rapproche du processus de création de ses grands paysages en soulignant l'autonomie des motifs individuels, ici isolés, comme le rocher qui affleure.

L'organisation des trente et un panneaux du *Bréviaire méditerranéen No 2* se conforme à la géométrie d'un mur constitué de pierres antiques dans l'église Santa Maria de Trastevere à Rome. Citant ainsi une mosaïque plus récente, qui regroupe elle-même des fragments de diverses provenances et histoires, l'installation murale de Krausz défie l'absorption rapide et institue un long mouvement de va-et-vient entre les tableaux individuels et l'ensemble. Allant plus loin que les triptyques, le groupe est à la fois homogène et dissocié. Les trente et un paysages individuels ne s'ajustent pas les uns aux autres, mais se répondent comme divers extraits d'un même texte, qu'on doit reconstituer pour soi-même. L'atmosphère dorée générale se ponctue d'accents chromatiques qui rythment cette lecture. Les grandes dimensions de l'œuvre, qui dépassent le champ de vision, invitent à une contemplation apaisante bien décrite dans un texte indien : « ... Rama arrivait à retrouver son calme, après la perte de son royaume, simplement en contemplant le mont Chitrakūta [...] Les cimes et les rochers se dressent en un millier de formes différentes et brillent de teintes infinies – argent, pourpre, azur et émeraude. Les flancs des montagnes sont des bannières vertes resplendissantes de broderies d'or et les tapis de

LES BRÉVIAIRES MÉDITERRANÉENS

In their format, scale and image development, the six *Bréviaires méditerranéens*, which make up the last series executed and exhibited, break the pattern of earlier works. In the first piece in the series, Krausz, reminding us that he is also a sculptor, has assembled details of his landscapes on fragments of clay arranged like an ethnographical collection in a glassed display case. The surreptitious reading of these visual "quotations" – several are hidden – offers an insight into the creative process behind his large landscapes, for it highlights the autonomy of individual motifs, like the rocky outcrop, shown here on their own.

The arrangement of the thirty-one panels of *Bréviaire méditerranéen No 2* is patterned on the geometry of a wall composed of fragments, to be found in the church of Santa Maria de Trastevere in Rome. Inspired by this relatively recent assemblage of ancient stones with diverse sources and histories, Krausz's mural installation cannot be absorbed rapidly, but triggers a lengthy back-and-forth movement between the individual paintings and the ensemble. Pushed even further than the triptychs, the group is at once homogenous and dissociated. The thirty-one individual landscapes do not "fit" together, but rather interact like a collection of extracts from a single text, which we are required to piece together for ourselves. The general impression of goldenness is punctuated with accents of colour that impose a rhythm on our reading. The size of the work, which extends beyond the visual field, induces a sense of healing contemplation described vividly in an Indian text: "...Rāma was able to calm himself after the loss of his kingdom by contemplating Mount Chitrakūta [...] the peaks and rocks stand out in a thousand different shapes and shine with infinite colours – silver, purple, azure and emerald. The flanks of the mountains are green banners resplendent with gold embroidery, and the carpets of dying wild flowers are like many coloured bursts of flame that do not burn."[5]

5   From *The Rāmāyana*, quoted in Mario Bussagli, *Indian Miniatures*, p. 76.

fleurs sauvages épanouies sont pareils à des gerbes de flammes multicolores qui ne brûlent pas. »[5]

Ces séries de paysages grandioses, mais aussi économes et presque symboliques, nous épargnent la réalité des œuvres précédentes sans pour autant être vidées de l'inquiétude et de la mélancolie, car après son travail antérieur, Peter Krausz ne peut se permettre de verser dans l'idéalisation des lieux et des souvenirs. On pense à Dante qui n'aurait peut-être pas pu imaginer le Paradis sans avoir entrevu l'Enfer. En apparence sereines, ces vues composites offrent un répit superficiel à l'horreur des contextualisations des séries politiques des années 1980. En favorisant le paysage et la peinture murale, et en mettant de côté les mises en scène de l'installation et des techniques mixtes, Peter Krausz a aussi fait émerger une expression épurée du sentiment de perte, plus générale aussi, telle qu'expérimentée dans divers types d'expériences humaines.

5   Du *Rāmāyana*, cité dans Mario Bussagli, *Indian Miniatures*, p. 76.

This series, with its grandiose landscapes that are simultaneously spare and almost symbolic, lacks the realism of the previous works but nevertheless still carries the same undercurrent of anxiety and melancholy; for in light of his earlier work Peter Krausz cannot allow himself to idealize places and memories. We think of Dante, who could surely not have imagined Paradise had he not been given a glimpse of inferno. These apparently peaceful composite views seem to offer a respite from the contextualized horror of the political series of the 1980s. But by focusing on the landscape and mural forms and relinquishing the scenography of installation and mixed media, Peter Krausz succeeds in conveying a purified expression of the more general sense of loss that underlies so much of human experience.

Krausz, qui enseigne aussi les arts à l'Université de Montréal, fait un parallèle entre sa recherche et l'évolution du genre du paysage dans l'art occidental. C'est à cause de cet intérêt pour l'histoire l'art que le Musée lui a ouvert ses réserves et lui a suggéré présenter au public, en tant que conservateur invité, sa sélect de paysages tirés des collections. Nous avons ainsi organisé exposition parallèle à la sienne qui s'intitule *Un artiste cho Fenêtre sur le paysage*. La trentaine d'œuvres canadiennes européennes qui la composent offre au visiteur un reg historique sur le développement du genre à travers les cinq ce ans qui séparent le tableau anonyme de la fin du Moyen-Âge *Vierge et L'Enfant*, en passant par la *Scène à Emmaüs* de Bassa des tableaux de Téniers, Barnes, Pilot, Morrice, Bonnard, C. Roberts, de Tonnancour, Wesselman, Alloucherie et autres. E devient aussi un regard oblique sur la pensée de Peter Krausz sur la création de ses paysages.

Cette pensée sur le paysage, qu'il nourrit continuellement, lui f aussi reconnaître des affinités, à divers niveaux, entre son trav et celui d'autres artistes anciens ou actuels. Ses références les pl lointaines sont curieusement les plus rapprochées par le géographie : les fresques de Pompéï comme premiers paysag occidentaux, puis celles de Giotto et de Lorenzetti où culture sauvagerie de la nature s'agencent de façon à contextualis l'action biblique. À cause de cette caractéristique du paysag méditerranéen en général, le quattrocento demeure pour Kraus une période d'affiliation privilégiée, que ce soit dans le travail de petits maîtres siennois ou dans les œuvres de Masolino d Panicale, Sassetta, Uccello, Gozzoli, Masaccio ou Lippi où l montagne, l'arbre, le rocher et les chemins composent des lieu expressifs en rapport avec l'histoire qui s'y déroule. L'analogi entre les contextes politiques, décrits plus haut, favorisés pa Krausz jusqu'aux années 1990, est facile à faire avec les scène

Jacopo **Bassano**, *Scène à Emmaüs* (détail) XVIᵉ siècle, huile sur toile.

Jacques **de Tonnancour** *Paysage,* 1942, huile sur bois.

LANDSCAPE THROUGH TIME

Peter Krausz, who teaches art at the Université de Montréal, establishes a parallel between his own research and the evolution of the landscape in Western art. Because of this preoccupation with the history of art, the Museum offered to open its reserves to the artist so that he could assume the role of guest curator and present the public with a selection of landscapes drawn from the collection. The result is an exhibition running concurrently with his own, entitled *Un artiste choisit. Fenêtre sur le paysage*. The thirty or so Canadian and European works included in this display afford the visitor a historical view of the development of the form over the five-hundred year period that encompasses a late medieval *Virgin with Child*, Bassano's *Scene at Emmaus* and works by Téniers, Barnes, Pilot, Morrice, Bonnard, Carr, Roberts, de Tonnancour, Wesselman, Alloucherie and others. The exhibition also serves to throw Peter Krausz's intellectual position and the creative process behind his landscapes into a new perspective.

This position, which the artist is ceaselessly elaborating, leads him to recognize affinities of various types between his work and that of other artists, past and present. Curiously, his most temporally distant artistic kinships are geographically the closest: the frescoes of Pompeii – the first Western landscapes – and those of Giotto and Lorenzetti, where signs of tamed and unadulterated nature combine to provide a backdrop to biblical narrative. This fusion, common to Mediterranean landscape in general, makes the quattrocento a period of particular interest to Krausz – the lesser Siennese painters, but also the works of Masolino da Panicale, Sassetta, Uccello, Gozzoli, Masaccio and Lippi, in all of which mountains, trees, rocks and roads create the expressive context against which the stories being told are played out. The analogy between the political situations favoured by Krausz prior to the 1990s and the biblical and historical scenes depicted in pre-Renaissance Italian art is evident. This similarity of vision is maintained – despite climatic differences – in the *vedute* of such northern painters as Van Eyck, Van der Weyden and Dürer, and in the landscapes of Bruegel the Elder. Not

Sassetta, *Saint-Antoine battu par les démons*, XVᵉ siècle, tempera et or sur bois.

Le Greco,
Vue de Tolède,
avant 1610, huile sur toile.

bibliques et historiques de l'art italien pré-Renaissance. Cette parenté de vision se poursuit avec les maîtres nordiques dans les *vedute* proposées par Van Eyck, Van der Weyden, Dürer, de même que dans les paysages de Bruegel l'Ancien – nonobstant l'hiver. Au début du XVIIe siècle, Krausz relève évidemment la force expressive et l'exaltation de la *Vue de Tolède* du Gréco

Quand on s'approche des fresques de Krausz et qu'on y décèle la transparence de la touche et la dissolution des motifs, on comprend qu'il ait redécouvert le Monet des grandes œuvres et des études. Dans un ordre d'idées semblables, et aussi pour la composition plus moderne, Bonnard fait partie de son héritage pictural, alors que chez les Américains c'est la vision contemplative, la lumière et la tactilité de la matière de Hopper qui l'attirent. Plus près de nous, *Paysage aux bœufs* de 1941 et *Paysage de Monte Calvello* de 1979 de Balthus offrent, par leur iconographie, leur traitement et leur perspective, et surtout par la couleur, des exemples de représentation de l'environnement où sont combinées culture et aire sauvage dans le même esprit que dans les tableaux de Krausz. On peut enfin s'étonner que l'artiste rapproche aussi son travail de celui du Danois Per Kirkeby, dont les (quasi) abstractions gestuelles démontrent comment la poussée de la non-figuration peut s'arrêter au moment précis d'ambiguïté où l'équilibre, entre elle et la représentation, constitue la force même du tableau. On pourrait parler ici, pour Krausz, de la tentation du bleu, cette couleur rare dans la nature sinon par effets de lumière et de réflexions, qu'il utilise à l'occasion d'une manière presque expressionniste sur des forêts ou sur une montagne isolée. Colette Garraud dit de ces pratiques que « très étrangement et très librement, le motif figuratif et le motif abstrait y sont mis sur un même plan. Il ne s'agit pas à proprement parler d'une abstraction des formes naturelles, mais d'une circulation naturelle et spontanée entre deux modes picturaux réputés

surprisingly, Krausz also mentions the impact of the expressive power and exaltation of the early 17th-century *View of Toledo*, by El Greco.

After close examination reveals the transparency of brushwork and fugacity of motif in Krausz's frescoes, we understand his enthusiasm for the large works and studies of Monet. Similarly comprehensible is his citing of Bonnard as an important compositional influence. Of the American painters, the artist is most drawn to the contemplative vision, light, and tactile values of Hopper. Closer to our own time, the iconography, handling, perspective and particularly the chromatic range of works by Balthus – *Paysage aux bœufs* of 1941 and *Paysage de Monte Calvello* of 1979, for example – offer instances of environmental representation that combine cultivation and wilderness in a spirit that recalls Krausz's own paintings. Finally, and perhaps more unexpectedly, the artist compares his work to that of the Danish painter Per Kirkeby, whose gestural quasi-abstractions illustrate how the move away from realism can cease at that precise moment of ambiguity where equilibrium – between abstraction and representation – constitutes the essential force of the painting. A possible clue to Krausz's affinity in this instance is the seductive power of blue, a colour found rarely in nature except in effects of light and reflection, which he occasionally employs in an almost expressionist manner to render a forest or an isolated mountain. Speaking of such hybrid practices, Colette Garraud explains: "Very strangely and very freely, the figurative motif and the abstract motif are given the same status. What we have is not, in fact, an abstraction of natural forms, but a natural and spontaneous movement between two pictorial forms thought to be incompatible."[6] The true abstraction of natural forms can be seen rather in the dynamic style of painters of another generation, like Emily Carr in her painting *Straits of Juan de Fuca*, owned by the Musée d'art de Joliette.

Balthus, *Paysage de Monte Calvello*, 1979, huile sur toile.

If we consider them carefully, Krausz's landscapes seem to occupy a unique zone between a number of practices while precisely

6   Garraud, Colette, *L'Idée de nature dans l'art contemporain*, p. 61.

49

incompatibles. »[6] Cette abstraction des formes naturelles serait plutôt la manière dynamique des peintres d'une autre génération comme Emily Carr dans son *Détroit de Juan de Fuca* conservé au Musée d'art de Joliette

De fait, quand on s'y attarde, ces paysages semblent aux confins de plusieurs pratiques sans jamais correspondre tout à fait aux définitions historiques de chacune. Sous-tendue par la base des esquisses et des photographies, la représentation quasi documentaire attire l'observateur dans les tableaux sous de fausses allures d'hyperréalisme, alors que l'abstraction des plans traités en unités individuelles dérange déjà cette préhension de la réalité. La liberté subtile des rabattements des plans, héritage de Cézanne et du cubisme, nous empêche de nous situer physiquement dans ces lieux, et la mise en exergue de motifs comme un arbre, un rocher ou une clairière nous projette dans un espace presque symboliste que les jeux de lumière, les effets d'atmosphère et les échelles finement contrastées, à la frontière du sublime, renforcent. On sent plusieurs vocabulaires formels disponibles, comme une gamme chromatique dont chaque note a une égale valeur. C'est peut-être pourquoi la raison reste accrochée, séduite semble-t-il par une vue réaliste d'un lieu, alors que l'œil décèle, bribe par bribe, les manipulations expressives conjuguées pour créer un paysage imaginaire et atemporel, ouvert à tous les vents de nos projections émotives.

6   Garraud, Colette, *L'Idée de nature dans l'art contemporain*, p. 61.

matching the historical definitions of none. An almost documentary representation, underpinned by sketches and photographs, draws the spectator into the paintings via an apparent – and spurious – hyperrealism, a perception of reality that is immediately contradicted by the abstraction of planes treated as individual units. The freedom with which the planes are handled, a legacy of Cézanne and Cubism, precludes our physical projection into the sites, and the epigraphic treatment of certain elements – trees, rocks, clearings – propels us into an almost Symbolist space, which is reinforced by lighting, atmospheric effects and finely contrasting scales that take us to the brink of the sublime. We sense an openness to a wide range of formal languages, like a chromatic scale where each note has equal value. This, perhaps, is why our reason is beguiled, seduced by an apparently realistic picture of a place, while slowly, inexorably, the eye detects the expressive manipulations that combine to create an imaginary and timeless landscape, open to the myriad winds of emotional transference.

LISTE DES ŒUVRES

De Natura (Humana) No 3
1993
gravure sur bois, 1/12
épreuve tirée par l'atelier Danielle Blouin

Collection Irina Krausz

L'Île devant Chinon
1986
305 x 214 cm
huile, goudron sur toile et bois

EXPOSITIONS
Paysage, Galerie Articule, Montréal, 1986
Sites 1984-1989, Robert McLaughlin Gallery, Oshawa,
    Ontario, 1989
Journeys, 49th Parallel, New York, 1991

BIBLIOGRAPHIE
Peter Krausz Sites 1984-89, Robert McLaughlin Gallery, 1989
Monique Brunet Weinmann, « Les dormeurs du Val », *Vie des Arts*,
    1987

Collection Irina Krausz
Illustration : page 61 (photo : Pierre Charrier)

De Natura (Humana) No 1 *
1992
204 x 92 cm
fresque

EXPOSITIONS
De Natura (Humana), Galerie d'art du Centre Saidye
    Bronfman, Montréal, 1992
De Natura (Humana), Galerie Dresdnere, Toronto, 1993

BIBLIOGRAPHIE
Catalogue *Peter Krausz, De Natura (Humana)*, Centre Saidye
    Bronfman, 1992
De Natura (Humana), Galerie Dresdnere, 1993
Ann Duncan, « Ex-director », *The Gazette*, 29 août 1992
Raymond Bernatchez, « Les œuvres de Peter Krausz en trois
    expositions », *La Presse*, 5 septembre 1992
Jean Dumont, « Peter Krausz, la mémoire et l'oubli », *Le Devoir*,
    12 septembre 1992
Jean-Pierre Le Grand, « Du classicisme à l'art contemporain »,
    L'Actualité médicale, 23 septembre 92
Jocelyne Lupien, « Peter Krausz, la mémoire retrouvée »,
    Spirale, novembre 1992

Collection Trimark
Illustration : page 62 (photo : Richard-Max Tremblay)

De Natura (Humana) No 4
1992
204 x 92 cm
fresque

EXPOSITIONS
De Natura (Humana), Galerie d'art du Centre Saidye
   Bronfman, Montréal, 1992
De Natura (Humana), Galerie Dresdnere, Toronto, 1993

BIBLIOGRAPHIE
Peter Krausz De Natura (Humana), Centre Saidye Bronfman,
   1992
De Natura (Humana), Galerie Dresdnere, 1993
Ann Duncan, « Ex-director », *The Gazette*, 29 août 1992
Raymond Bernatchez, « Les œuvres de Peter Krausz en trois
   expositions », *La Presse*, 5 septembre 1992
Jean Dumont, « Peter Krausz, la mémoire et l'oubli »,
   Le Devoir, 12 septembre 1992
Jean-Pierre Le Grand, « Du classicisme à l'art contemporain »,
   L'Actualité médicale, 23 septembre 92
Jocelyne Lupien, « Peter Krausz, la mémoire retrouvée », *Spirale*,
   novembre 1992

Collection particulière
Illustration : page 63 (photo : Pierre Charrier)

De Natura (Humana) No 12
1994
92 x 204 cm
fresque

EXPOSITION
Fragments, Galerie Dresdnere, Toronto, 1994

BIBLIOGRAPHIE
Oliver Girling, « Fresh as plaster », *EYE*, 16 juin 1994

Collection particulière

De Natura (Humana) No 14
1994
204 x 76 cm
fresque

Exposition
Fragments, Galerie Dresdnere, Toronto, 1994

BIBLIOGRAPHIE
Oliver Girling, « Fresh as plaster », *EYE*, 16 juin 1994
Landscape and Memory: Entre chien et loup, Galerie de
   Bellefeuille, 1997

Collection particulière
Illustration : page 64 (photo : Richard-Max Tremblay)

Suite roumaine No 8
1995
92 x 204 cm
fresque

EXPOSITION
Suite roumaine, Galerie Dresdnere, Toronto, 1995

BIBLIOGRAPHIE
Landscape and Memory: Entre chien et loup, Galerie de Bellefeuille, 1997

Collection particulière

Suite roumaine No 11
1995
76 x 81 cm
fresque

EXPOSITION
Suite roumaine, Galerie Dresdnere, Toronto, 1995

Collection Leonard and Bina Ellen Art Gallery, Concordia University
Illustration : page 65 (photo : Denis Farley)

Landscape and Memory No 2
1996
204 x 92 cm
secco

EXPOSITIONS
The Echoic Landscape, Leonard and Bina Ellen Art Gallery, Montréal, 1996
Landscape and Memory: Entre chien et loup, Galerie de Bellefeuille, Montréal, 1997

BIBLIOGRAPHIE
Ann Duncan, « Echoes from interior landscapes », *The Gazette*, août 1996
Jennifer Couëlle, « Le beau paysage? Que non! » *Le Devoir*, août 1996
Stéphane Aquin, « Paysages choisis », *Voir*, août 1996
Henry Lehmann, « Golden Age that never was », *The Gazette*, novembre 1997
Landscape and Memory: Entre chien et loup, Galerie de Bellefeuille, Montréal, 1997

Collection Galerie de Bellefeuille

Landscape and Memory No 3 *
1996
204 x 92 cm
secco

EXPOSITIONS
The Echoic Landscape, Leonard and Bina Ellen Art Gallery,
Montréal, 1996
The Red Mountain Series, Mira Godard Gallery, Toronto, 1997

BIBLIOGRAPHIE
Ann Duncan, « Echoes from interior landscapes », *The Gazette*,
août 1996
Jennifer Couëlle, « Le beau paysage? Que non! » *Le Devoir*,
août 1996
Stéphane Aquin, « Paysages choisis », *Voir*, août 1996

Collection Groupe Banque Scotia
Illustration : page 66 (photo : Richard-Max Tremblay)

Landscape and Memory No 17
1997
92 x 204 cm
secco

EXPOSITION
The Red Mountain Series, Galerie Mira Godard, Toronto, 1997

Collection Stephen et Donna McDonald
Illustration : page 19 (photo : Tom Moore)

Landscape and Memory No 22
(série Entre chien et loup)
1997
92 x 204 cm
secco

EXPOSITION
Landscape and Memory: Entre chien et loup, Galerie de Bellefeuille,
Montréal, 1997

BIBLIOGRAPHIE
Henry Lehmann, « Golden Age that never was », *The Gazette*,
novembre 1997
Landscape and Memory: Entre chien et loup, Galerie de Bellefeuille,
1997
Affiche de l'exposition *Landscape and Memory: Entre chien et loup*

Collection Le Groupe Vidéotron Ltée

Landscape and Memory No 23
(*série Entre chien et loup*)
1997
204 x 92 cm
secco

E XPOSITION
Landscape and Memory: Entre chien et loup, Galerie de Bellefeuille,
   Montréal, 1997

B IBLIOGRAPHIE
Henry Lehmann, « Golden Age that never was », *The Gazette*,
   novembre 1997

Collection particulière
Illustration de la couverture (photo : Pierre Charrier)

Landscape and Memory No 32
(*série Entre chien et loup*)
1997
204 x 92 cm
secco

E XPOSITION
Landscape and Memory: Entre chien et loup, Galerie de Bellefeuille,
   Montréal, 1997

B IBLIOGRAPHIE
Henry Lehmann, « Golden Age that never was », *The Gazette*,
   novembre 1997

Collection particulière
Illustration : page 67 (photo : Pierre Charrier)

Landscape and Memory No 34
(*série Entre chien et loup*)
1997
56 x 204 cm
secco

E XPOSITION
Landscape and Memory: Entre chien et loup, Galerie de Bellefeuille,
   Montréal, 1997

B IBLIOGRAPHIE
Henry Lehmann, « Golden Age that never was », *The Gazette*,
   novembre 1997

Collection Suzanne Sornin-Tari
Illustration : page 69 (photo : Pierre Charrier)

Landscape and Memory No 38
(*série Entre chien et loup*)
1998
56 x 204 cm
secco

Collection particulière
Illustration : page 70 (photo : Pierre Charrier)

Landscape and Memory No 41
(série Entre chien et loup)
1998
56 x 204 cm
secco

Collection particulière
Illustration : page 68 (photo : Pierre Charrier)

Landscape and Memory No 43 *
(série Entre chien et loup)
1998
92 x 204 cm
secco

Collection Groupe Banque Scotia
Illustration : page 39 (photo : Pierre Charrier)

Landscape and Memory No 45
(série Entre chien et loup)
1998
92 x 204 cm
secco

Collection particulière
Illustration : pages 71-72 (photo : Pierre Charrier)

Landscape and Memory No 47
(série Entre chien et loup)
1998
92 x 204 cm
secco

Collection particulière
Illustration : pages 74-75 (photo : Pierre Charrier)

Bréviaire méditerranéen
1998
155 x 26 x 18 cm
secco sur argile et objet trouvé

EXPOSITION
Regards Croisés, exposition collective, Centre d'exposition de l'Université de Montréal, 1998

BIBLIOGRAPHIE
Mathieu-Robert Sauvé, « Regards Croisés : l'art au pays des sciences », *Forum*, 8 septembre 1998

Prêt de l'artiste
Illustration : pages 76-77 (photo : Pierre Charrier)

De Natura (Humana) No 4, 1992
Gauche : De Natura (Humana) No 1, 1992

Landscape and Memory No 34, 1997

Landscape and Memory No 38 , 1998

Droite : *Landscape and Memory No 38* (Détail), 1998

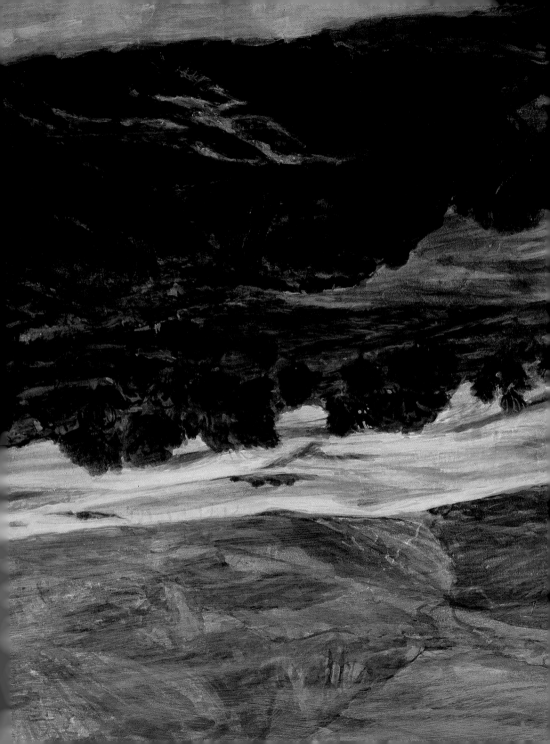

Landscape and Memory No 45, 1998

Droite : *Landscape and Memory No 45 (Detail)*, 1998

72

Landscape and Memory No 47, 1998
Droite : *Landscape and Memory No 47 (Détail)*, 1998

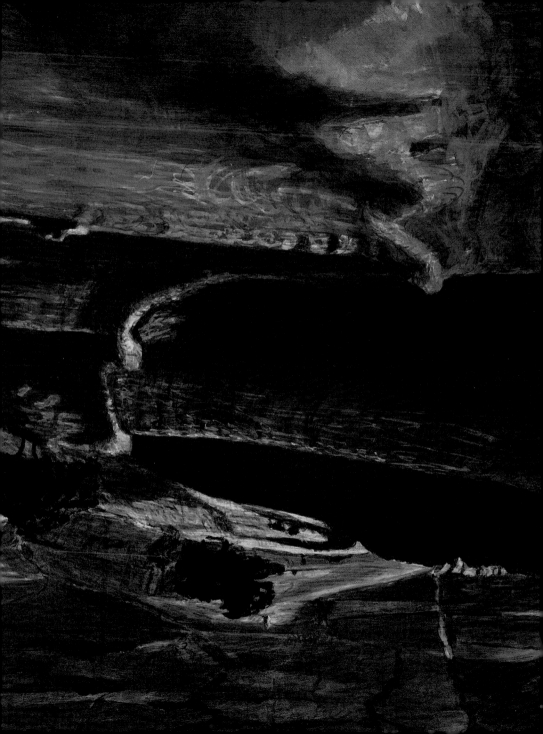

Droite :
Bréviaire méditerranéen
(Detail), 1998

Bréviaire méditerranéen,
1998

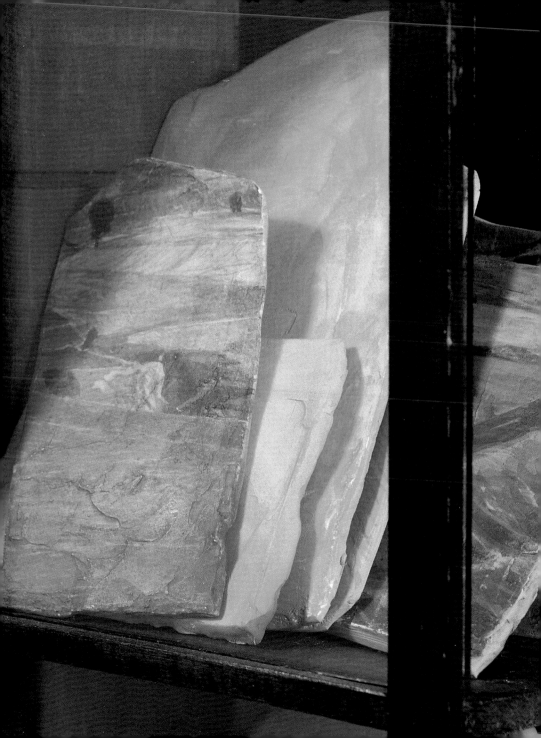

Bréviaire méditerranéen No 2 , 1998

Droite : *Bréviaire méditerranéen No 2* (Détail), 1998

78

Bréviaire méditerranéen No 3, 1998
Droite : *Bréviaire méditerranéen No 3* (Détail), 1998

Bréviaire méditerranéen No 5, 1998
Droite : *Bréviaire méditerranéen No 5* (Détail), 1998

Bréviaire méditerranéen No 4, 1998

Bréviaire méditerranéen No 1
1998
92 x 204 cm
secco

Collection particulière
Illustration : page 59 (photo : Pierre Charrier)

Bréviaire méditerranéen No 2
1998
274 x 672 cm
secco (31 panneaux)

Collection Galerie de Bellefeuille
Illustration : pages 78-79 (photo : Pierre Charrier)

Bréviaire méditerranéen No 3
1998
92 x 204 cm
secco

Collection Norman et Renée Steinberg
Illustration : pages 80-81 (photo : Pierre Charrier)

Bréviaire méditerranéen No 4
1998
92 x 204 cm
secco

Prêt de l'artiste
Illustration : page 84 (photo : Pierre Charrier)

Bréviaire méditerranéen No 5
1998
92 x 204 cm
secco

Prêt de l'artiste
Illustration : pages 82-83 (photo : Pierre Charrier)

Bréviaire méditerranéen No 6
1999
92 x 204 cm
secco

Prêt de l'artiste

* Œuvre non exposée

Peter Krausz est né en Roumanie en 1946.
Il vit et travaille à Montréal depuis 1970.

ACIDINI LUCHINAT, Cristina, *Jardins des Médicis*, Arles, Actes Sud, 1997.

AINSWORTH, Marian W., et Keith CHRISTIANSEN, *From Van Eyck to Bruegel*, New York, The Metropolitan Museum of Art, 1998.

BÉDARD, Jean-Francois, *Cités de l'archéologie fictive. Œuvres de Peter Eisenman, 1978-1988*, Montréal, Centre canadien d'architecture, 1994.

BERQUE, Augustin, *Les Raisons du paysage de la Chine antique aux environnements de synthèse*, s.l., Hazan, 1986.

BURGARD, Chrystèle, et Baldine SAINT-GIRON, *Le Paysage et la question du sublime*, Le Musée de Valence, Réunion des musées nationaux de France, 1997.

BUSSAGLI, Mario, *Indian Miniatures*, Feltham, Angleterre, Éditions Paul Hamlyn, 1969.

CAMPBELL, James D., *Peter Krausz. Sites 1984-1989*, Oshawa, The Robert McLaughlin Gallery, 1989.

CAMPBELL, James D., *Landscape and Memory / Entre chien et loup, 1997*, Montréal, Galerie de Bellefeuille, 1997.

CHRISTIANSEN, Keith, B. KANTER et Carl BRANDON STREHLKE, *Painting in Renaissance Sienna 1420-1500*, New York, The Metropolitan Museum of Art, 1988.

DAIGNEAULT, Gilles, *Peter Krausz. De Natura (Humana)*, Montréal, La Galerie d'art du Centre Saidye Bronfman, 1992.

ETC MONTRÉAL, « La nature réappropriée », Montréal, no 38, été 1997.

FERNIER, Jean-Jacques, *Balthus dans la maison de Courbet*, Ornans, Musée Maison natale Gustave Courbet à Ornans, 1992.

FROMENT, Jean-Louis, et Jean-Marc POINSOT, *Sculpture/Nature*, Bordeaux, Centre d'arts plastiques de Bordeaux, 1978.

GARRAUD, Colette, *L'Idée de nature dans l'art contemporain*, Paris, Flammarion, 1994.

GRANDE, John K., *Intertwining. Artists, Landscape, Issues, Technology*, Buffalo, NY, Black Rose Books, 1997, reprise de *Balance: art and nature*, même éditeur.

LANGFORD, Martha, *Sur l'espace, la mémoire et la métaphore : Le paysage dans la reprise photographique*, Montréal, Vox Populi, 1997.

LEMAÎTRE, Alain J., *Florence et la Renaissance. Le Quattrocento*, Paris, Éditions Pierre Terrail, 1992.

LEYMARIE, Jean, *Balthus*, Genève, Éditions d'art Albert Skira, 1982.

MANGUEL, Alberto, et Gianni GUADALUPI, *The Dictionary of Imaginary Places*, Toronto, Lester & Orpen Dennys, 1991.

MARKS, Aynsley, *The Art of Place. Paintings by Edward B. Pulford from the Permanent Collection*, Sackville, N.B., Owens Art Gallery, 1997.

MATVEJEVITCH, Predrag, *Bréviaire méditerranéen*, Paris, Petite Bibliothèque Payot, 1987.

PORTEUS, J. Douglas, *Landscapes of the Mind. Worlds of Sense and Metaphor*, Toronto, University of Toronto Press, 1990.

ROCCASECCA, Pietro, *Paolo Ucello. Les Batailles*, Paris, Gallimard / Électa, 1997.

ROETTGEN, Steffi, *Italian Frescoes. The Early Renaissance 1400-1470*, New York, Abbeville Press, 1996.

ROETTGEN, Steffi, *Italian Frescoes. The Flowering of the Renaissance 1470-1510*, New York, Abbeville Press, 1996.

ROY, Claude, *Balthus*, Paris, Gallimard, 1996.

SCHAMA, Simon, *Landscapes and Memory*, New York, Alfred A. Knopf, 1995.

CDPP-VU (Centre de diffusion et de production de la photographie VU), *Trois fois 3 paysages. Récits géographiques, fictions urbaines, paysages inventés*, Québec, 1997.

Bibliographie préparée en collaboration avec Peter Krausz.

CRÉDITS

Exposition et publication sous la direction de /
Curator and Publication Director
DENYSE ROY

Assistance à la publication / Publication Assistance
ISABELLE DUCHARME
DANIELLE CHEVALIER

Traduction / Translation
JUDITH TERRY
ÉLISE BONNETTE

Révision / Editing
MARCELLE ROY
JUDITH TERRY

Photographie / Photography
JULIE BÉLANGER
PIERRE CHARRIER
GINETTE CLÉMENT
ÉLIANE EXCOFFIER
DENIS FARLEY
TOM MOORE
RICHARD-MAX TREMBLAY

Conception graphique / Design
SYLVAIN BEAUSÉJOUR

Impression / Printing
RICHARD VEILLEUX IMPRIMEUR

Distribution / Distribution
ABC LIVRES D'ART CANADA / ART BOOKS CANADA

MUSÉE D'ART DE JOLIETTE
FRANCE GASCON, directrice / Director
DENYSE ROY, conservatrice / Curator
CHRISTINE LA SALLE, archiviste des collections / Registrar
PIERRE-LOUIS DORÉ, technicien / Technician
HÉLÈNE LACHARITÉ, secrétaire / Secretary
LORRAINE POIRIER, secrétaire-comptable / Secretary-Bookkeeper